MA JUSTIFICATION

MA JUSTIFICATION

AUX ÉLECTEURS RÉPUBLICAINS

DE ROQUEBRUNE

> L'infamie semble parfois triompher de la vérité !
>
> La vérité finit par avoir raison de l'infamie !

———

Au 7 août 1870, à cette époque néfaste où la France brisée de douleurs, en proie à la guerre criminelle que nous léguait, avant de disparaître, l'homme de décembre, et justement indignée des humiliations sans nombre qu'elle avait eu a subir sous ce règne d'odieuse mémoire, jeta un cri d'indignation répété par tous les hommes réellement républicains qui retentit d'un bout à l'autre de la Nation : « Revendiquons l'héritage sacré que « nous léguèrent nos pères, les révolutionnaires de 1789, qui l'a- « vaient acquis au prix de leur sang, qui nous fut arraché d'abord « par le criminel du 18 brumaire et ensuite par les différentes « monarchies qui se sont succédées. — Brisons ce joug infâme

« de l'Empire sous lequel, depuis près de vingt ans, la France est
« opprimée. — Protestons énergiquement et par tous les moyens,
« pendant qu'il en est temps encore, contre la volonté d'un
« seul homme qui a conduit à ces criminelles entreprises dont a
« tant souffert la France, et qui la conduirait à l'avilissement et
« à la ruine. — Profitons enfin de la première occasion qui
« nous est offerte et, comme première protestation, envoyons aux
« Conseils municipaux de nos communes des conseillers fran-
« chement républicains ».

Ce cri fut entendu par toute la population de notre commune,
elle réunit ce qui lui restait de force et d'énergie pour combattre la réaction impériale et pour parvenir à faire triompher la
liste républicaine ; Les efforts furent couronnés de succès, la
liste républicaine passa entièrement.

Sans la guerre criminelle et néfaste qui désolait la France,
sans la douleur qu'apportait chaque jour dans nos familles
les désastreuses nouvelles du théâtre de la guerre, la joie,
l'enthousiasme causé par notre triomphe eût été à son comble.

Les républicains de Roquebrune m'avaient jugé digne de les
représenter au Conseil municipal, quatre fois mon mandat fut
renouvelé. J'ai siégé dans cette assemblée pendant près de huit
ans et, par les raisons que j'en donnais à la réunion électorale
tenue le 23 février dernier et sur lesquelles je reviendrai plus
loin, je crus devoir donner ma démission.

Ai-je fait mon devoir dans l'exercice de mon mandat ?

L'ai-je toujours exercé loyalement ?

Me serait-il arrivé parfois de tromper la confiance de mes
électeurs ? Certes, je n'ai pas la prétention de n'avoir jamais
commis d'erreurs ; je ne veux pas d'avantage faire l'éloge de
mon attitude au Conseil municipal ; je livre ces questions à
l'appréciation d'hommes plus autorisés que moi, j'ai confiance
dans l'opinion des conseillers municipaux sérieux et impartiaux
qui se sont succédé au Conseil depuis le 7 août 1870, jusqu'au
27 août 1878, époque à laquelle j'ai donné ma démission.

Ne possédant, à l'époque de mon élection, aucune connaissance des rouages de l'administration communale, ayant, malgré mon ignorance, accepté le mandat que me confiait les électeurs, je considérais comme un devoir de m'en occuper et c'est
ce que je fis ! En peu de temps je parvins, non sans peine à
m'instruire, non pas à tout ce que doit connaître un conseiller
municipal, mais aux questions principales, sans la connaissance
desquelles, dans une assemblée municipale, on ne peut être
qu'un membre inutile. Je ne me bornai pas seulement à cela, je

m'appliquai également, dans la mesure de mes forces, à éclairer ceux de mes collègues qui, retenus par les travaux des champs ou de l'atelier, ne pouvaient pas toujours disposer de leur temps pour s'en occuper sérieusement. C'est en procédant ainsi que je parvenais plus tard à rallier dans le Conseil une majorité suffisante pour empêcher la suppression de la première des institutions républicaines : la gratuité absolue dans nos deux écoles communales de garçons et de filles.

En agissant ainsi je n'avais pas cru démériter, j'avais conscience au contraire, d'avoir fidèlement rempli le mandat que les électeurs m'avaient confié avec zèle et dévoûment.

Telle ne fut la pensée de certains hommes, qui pourtant se disaient républicains, et qui, je ne crains pas de le dire avec l'assurance que donne la conviction, non seulement ne l'ont jamais été, mais n'ont jamais cessé de se couvrir de ce masque dans le seul but de satisfaire leur ambition personnelle.

Mon attitude au Conseil municipal avait mis les soi-disant républicains dans une grande fureur ; j'avais, à leur avis commis un grand crime dont je devais être châtié sans pitié ! pour réaliser leur projet, ils se constituèrent juges et partis. C'est ainsi que je fus d'abord révoqué, sans avertissement préalable et sans notification, d'un grade de sergent-major de la garde-nationale sédentaire de Roquebrune, grade que je tenais du vote libre de mes concitoyens. Cette révocation ne pouvait suffire à ces...... républicains ; ils ne pouvaient s'arrêter dans cette voie ; je devais passer par d'autres épreuves qu'ils essayèrent de rendre cruelles et qui ne firent que me fortifier dans ma foi républicaine.

Ce qu'il fallait à ces braves gens pour calmer leur animosité, leur haine contre moi, une chose toute simple : *Etre débarrassé de moi !* Quels moyens employèrent-ils pour cela ? Si l'affirmation de témoins oculaires n'était là pour attester le récit suivant, ce serait à n'y pas croire.

Pour donner suite à leur projet, ils réunirent le Conseil municipal à mon insu ! Alors devant cette assemblée, en mon absence, ils déversèrent sur moi toutes les infamies que peut suggérer la haine politique ! Pour atteindre plus sûrement leur but, ils eurent encore recours à la ruse ; ils rédigèrent une lettre à l'adresse du Conseil municipal, ils la firent signer par trois anciens militaires mariés, parmi lesquels deux n'avaient pas quarante ans et dans laquelle ils demandaient ma révocation de membre de la Commission municipale de Roquebrune. (A cette époque, les Conseils municipaux furent dissous et remplacés par des Commissions municipales, mais dans notre commune la Commission municipale n'avait été nommée que pour la forme ; tous les conseillers élus, le 7 août 1870, assistaient aux séances et avaient voix délibérative.) Et cela parce que j'avais dit que les hommes valides, mariés ou non, âgés de moins de quarante ans, devaient concourir à la défense de la patrie, être mobilisés sans exception.

Il faut remarquer qu'à cette époque, notre Conseil municipal comptait six membres mariés ayant moins de quarante ans, et trois autres dont les fils ou les gendres étaient dans la même situation : Ces neuf membres formaient la majorité dans le Conseil qui n'en comptait que seize.

Le jour qu'eut lieu cette fameuse réunion du Conseil municipal, je fus appelé à me rendre à Fréjus, en corps, avec mes collègues de la garde mobilisée de Roquebrune, et ce ne fut que le soir à mon retour, qu'une lettre de convocation me fut remise par le garde-champêtre. Comme d'habitude, je m'empressai de m'y rendre ; je fus frappé, en entrant dans la salle des séances, de l'effet que produisit mon arrivée sur l'assemblée, qui ce jour-là était au grand complet ; je remarquai surtout l'attitude d'un de ses membres qui, cela me fut affirmé plus tard, quelques minutes avant mon arrivée dans la salle, vomissait contre moi, devant cette assemblée, un torrent d'infamies, et qui à ce moment était dans un coin de la salle, la tête dans ses mains et ne prononçant plus un mot.

Il y eut alors un moment d'hésitation, le président me donna lecture devant le Conseil de la fameuse lettre dont j'ai parlé plus haut. A ce moment, je fus certain que la majorité du Conseil avait été entraînée par mes détracteurs, qu'elle avait été dupe des calomnies et des mensonges débités par eux pendant mon absence. Je résolus aussitôt de quitter la salle sans attendre de connaître le résultat de la décision qui avait été prise. En réalité le Conseil avait délibéré avant mon arrivée.

Le lendemain de cette mémorable séance plusieurs de mes collègues du Conseil me donnèrent communication de la décision qui avait été prise contre moi et m'annoncèrent que ma révocation de membre de la Commission municipale était un fait accompli.

Cette décision du Conseil ne me fut jamais notifiée, ils ne crurent pas prudent d'y donner suite, je fus toujours convoqué régulièrement, et pour des raisons que tout le monde comprendre et qui m'étaient dictées par le devoir, je continuai d'assister aux séances.

Est-ce à dire que ces hommes, que j'ai le droit de considérer comme des ennemis, avaient abandonné le projet de sourde persécution contre moi ? Non ! Ils avaient la partie trop belle avec la popularité qu'ils possédaient à cette époque, les moyens étaient faciles pour se débarrasser d'un républicain qui voulait pour la commune des institutions démocratiques, qui osait combattre les actes de l'administration qui ne lui paraissaient pas conformes aux intérêts de la population, qui se permettait de poser des questions et de formuler devant le Conseil des propositions contraires à leurs projets.

Ces hommes eurent cependant un moment d'hésitation devant l'attitude plus ou moins hostile à leurs projets contre moi d'une partie du Conseil ; mais en réalité, pendant ce temps ils élaboraient hardiment un nouveau plan qui consistait à obtenir des mobilisés mon exclusion de tout grade dans leur compagnie.

Pour atteindre ce but, ils employèrent devant ces hommes les mêmes moyens qui, peu de temps auparavant avaient si bien réussi pour obtenir ma révocation de membre de la Commission municipale.

Leur victoire fut complète. Il ne s'agissait plus pour eux que de s'apprêter à en recueillir les fruits ; mais quand ils s'avisèrent d'y toucher ils reculèrent tout penauds, ils s'étaient brûlés les doigts.

Dans leur extrême finesse, ils eurent la naïveté de croire qu'un républicain sincère et énergique ne saurait résister à tant d'infamies et que devant tant d'humiliations, non-seulement je déserterais mon drapeau, mais que je me réfugierais dans le camp de mes adversaires.

Comme on voit, leur plan n'était pas mal combiné, Escobar aurait employé les mêmes moyens. Ils se croyaient certains d'être débarrassés de moi. Malheureusement pour eux ils avaient compté sans moi. En effet, pendant qu'ils se berçaient de l'espoir de se justifier bientôt devant le Conseil et devant les électeurs, des faussetés qu'ils avaient débitées contre moi, ils furent obligés de reconnaître mon impassibilité, mon silence et mon dédain. A leur grand désappointement, ils purent me voir toujours arborer le drapeau de la République. A partir de ce moment, c'est-à-dire depuis la fin de l'année 1870 jusqu'à la chute de l'administration municipale du gouvernement du 24 mai, mes calomniateurs avaient renoncé, au moins en apparence, à leur tyrannie contre moi, ils feignirent même de vouloir entrer dans la voie de la conciliation. De mon côté, voulant éviter tout ce qui pouvait apporter la division dans le parti républicain de notre commune, je ne fis entendre aucune protestation, je résolus de continuer à garder le silence et à plaindre intérieurement ces hommes sans les blâmer.

A la chute de l'administration de l'ordre moral et à l'occasion de la nomination par le Conseil de la nouvelle administration, nouvelle campagne de persécution, mais cette fois, leur colère ne s'appesantit pas seulement sur moi, elle atteignit aussi un autre de nos collègues du Conseil. Pour nous nuire auprès des électeurs, ils firent circuler un bruit de pure invention. Ils nous attribuèrent l'ambition, à moi d'être maire, et à mon collègue d'être adjoint.

Or, dans cette nomination nous n'avions, ni l'un ni l'autre, obtenu une seule voix pour le poste qu'ils nous accusaient de convoiter. (Je dis pas une seule voix, pas même la notre). Devant cette tactique maladroite ils se ravisèrent bientôt mais ils n'abandonnèrent ce moyen contre nous qu'après en avoir adopté un second non moins insidieux, lequel consistait cette fois à propager dans les rangs de la démocratie de Roquebrune qu'aux prochains élections municipales, nous abandonnerions leur liste et que nous leur en opposerions une autre. Les électeurs ne se laissèrent pas prendre à un piège si grossier. Nos détracteurs savaient bien qu'avec de semblables moyens ils atteindraient difficilement leur but, mais ils avaient adopté la fameuse tactique de Bazile : calomniez, calomniez, il en restera toujours quelque chose !

A l'ouverture de la période électorale pour les élections municipales du 8 janvier 1878, une réunion publique fut tenue dans la principale salle de la Maison d'école. Dans cette réunion deux conseillers prirent la parole, le premier déclara qu'il était un objet de dissidence dans le Conseil et que conséquemment il refuserait de faire partie de la nouvelle liste. Le second posa des questions semblables au fond, mais avec des conditions différentes.

A mon tour je pris la parole et en peu de mots je me justifiai publiquement, et en face de mes détracteurs, qui n'essayèrent pas même de répondre, des faussetés qu'ils avaient propagées contre moi en m'attribuant l'ambition d'être maire, et ensuite de vouloir opposer une seconde liste.

Il fut ensuite procédé à la nomination d'un comité de onze membres. Dans la première réunion, le Président, alors fabricant de bouchons, à Roquebrune, aujourd'hui receveur-buraliste, au Muy, déclara devant le comité que si mon nom était admis sur la liste que le comité était chargé de préparer, plusieurs membres de l'ancien Conseil, qu'il désigna refuseraient d'en faire partie.

Parmi ces membres de l'ancien Conseil figuraient les deux qui, dans la réunion préparatoire, avaient déclaré qu'ils refusaient de faire partie du nouveau Conseil.

Le comité repoussa énergiquement cette proposition et ma candidature fut adoptée à la presque unanimité.

Le président proposa ensuite d'obliger les nouveaux candidats à prendre l'engagement de procéder à la nomination du maire avant les élections, ce qui fut également repoussé.

Le lendemain le comité fut convoqué concurrement avec les candidats composant la nouvelle liste Dan cette réunion fut de nouveau agitée la question de la nomination préalable du maire et, après une longue discussion, cette nomination finit enfin par être votée. Il fut procédé à cette élection séance tenante Aux élection la liste présentée par le comité fut entièrement élue. J'obtins une majorité bien marquée sur ceux qui, d'après le président, devaient se retirer devant mon nom. Malgré cela ils ne l'ont jamais fait.

Je n'assistai pas aux deux premières séances du Conseil; mon absence y fut signalée. Pour la première fois, on peut lire sur le registre des délibérations : absent sans s'être fait excuser. A la troisième séance une lettre de convocation me fut adressée par la poste non affranchie.

A l'ouverture de la session de mai il y eut réunion nouvelle du Conseil, concurremment avec les 16 plus forts imposés, à l'effet de procéder au vote des quatre centimes extraordinaires affectés à l'instruction.

A cette occasion le Conseil fut convoqué pour des heures différentes, les uns pour trois heures, d'autres pour huit heures; il y en eut deux dont les lettres de convocation ne désignèrent ni le jour ni l'heure tandis que tous les forts imposés avaient été convoqués pour la même heure. Heureusement que les plus forts imposés, qui sont en grande majorité opposés à la gratuité de l'instruction, n'eurent pas connaissance de ce fait, mais s'ils s'étaient rendus à cette séance comme ils s'étaient rendus à d'autres, les quatre centimes n'auraient pas été votés et la jeunesse de Roquebrune eut été privée d'un puissant moyen de s'instruire.

Le dimanche suivant nouvelle convocation du Conseil et des 16 plus forts imposés, le Conseil était au complet et les quatre centimes furent enfin votés.

Je fis remarquer à l'asssemblée les conséquences que pouvait avoir pour l'instruction, la convocation irrégulière du Conseil pour la séance précédente, je déclarai que devant ce fait et devant beaucoup d'autres je donnais ma démission de membre du Conseil municipal. Je quittai la salle, le citoyen Testory en fit autant.

Le 27 août suivant, nous adressions officiellement, avec le citoyen Testarys, notre démission à M. le Préfet. Notre démission, réunie à celles données par les citoyens Nègre et Clavel, réduisit le Conseil aux trois quarts de ses membres.

Aux termes de l'art. 883 de la loi du 5 mai 1855, encore en vigueur, il devait être procédé aux élections supplémentaires dans le plus bref délai possible, ce qui n'eut pas lieu. Les sessions de novembre et de février furent ainsi tenues par un Conseil anormal.

Devant cet état de choses, le 8 février dernier, j'en référai à M. le Préfet par une lettre dans laquelle je lui esquissai cette situation. M. le Préfet accueillit favorablement ma réclamation et les électeurs municipaux de Roquebrune furent convoqués pour le 2 mars suivant.

Le 28 février dernier, une réunion publique fut tenue dans la principale salle de l'Hôtel-de-Ville.

Dans cette réunion, je remerciai d'abord les électeurs républicains qui m'avaient accordé leur confiance pendant huit ans, et je leur fis connaître publiquement, en face de mes détracteurs, les motifs qui m'avaient déterminé à résilier le mandat qu'ils m'avaient confié. Je leur déclarai ensuite que je ne me représenterais pas aux élections complémentaires.

Mais devant la déclaration d'un membre du Conseil, arrivé le quartorzième sur la liste aux élections du 6 janvier 1878, disant publiquement que si j'étais réélu il se retirerait, il n'y eut plus d'hésitation possible pour moi, j'acceptai le défi et je me représentai devant les électeurs.

Aux élections complémentaires, leur succès fut complet ! Ils obtinrent sur notre liste une majorité écrasante ! Mais à quel prix ? Par quels procédés ? Ils réunirent leurs subordonnés de toute espèce et, après les avoir disciplinés, ils recrutèrent dans les rangs de l'ignorance le plus d'agents électoraux possible. (En auraient-ils pu trouver ailleurs ?)

Ces pauvres gens se dispersèrent dans tous les *quartiers de la ville* et de la campagne et, obéissant au mot d'ordre donné, ils disaient aux électeurs que j'étais devenu un homme de désordre, que j'avais cessé d'être républicain et qu'aux prochaînes élections on me verrait à l'œuvre dans les rangs des adversaires de la République. On m'a même rapporté que, dans un café-cabaret, on accompagnait chaque bulletin de vote d'un verre de vin... On en dit tant !!!...

Je ne m'arrêterai pas sur ce fait, mais je parlerai de ce fameux poème, j'ai failli écrire ordure, qu'on propagea à profusion dans la localité, dans presque toutes les communes du canton et ailleurs, dans lequel, entre autres calomnies, j'étais accusé d'ambition effrénée ; je voulais être adjoint, maire, conseiller général, député, que sais-je encore ! Qui donc a-t-on voulu tromper ?

Si ce sont les gens sérieux, le but n'a pas été atteint ; en effet, les électeurs républicains qui votèrent contre leur liste ou qui s'abstinrent, ne se laissèrent pas prendre à un piège aussi grossier ; ils reconnurent que l'auteur de ces *beaux vers* avait agi sous l'impulsion de mes adversaires, qu'ils avaient eux-mêmes l'ambition qu'ils me prêtaient et qu'ils voulaient se débarrasser d'un homme honnête, de conviction arrêtée, qui leur paraissait redoutable.

Par suite des explications que je donnai à la réunion du 23 février, dont j'ai parlé plus haut, une plainte contre moi fut adressée à M. le Procureur de la République. Cette plainte donna lieu d'abord à une enquête dans laquelle sept témoins à charge furent entendus ; parmi ces témoins, mon persécuteur eut soin d'en choisir cinq qui, au su de tout le monde, étaient mes adversaires dans cette réunion ; il y avait pourtant des citoyens sérieux et qui étaient nos amis communs !

De tous les griefs relevés contre moi dans cette plainte et dans les rapports d'enquête, M. le Procureur de la République ne retint que les quatre suivants : 1° d'avoir dit que le plaignant avait traité les paysans de cochons indignes d'instruction ; 2° qu'il s'était fait voter par le Conseil municipal un chemin pour son usage personnel ; 3° qu'il avait faussé, altéré, dénaturé les délibérations du Conseil ; 4° qu'il avait convoqué le Conseil à des heures différentes dans le but de faire avorter le vote des quatre centimes pour l'instruction.

Avais-je véritablement dit ces choses ? Non ! Et ici je fais appel aux souvenirs de tous les citoyens sérieux qui assistaient à cette séance.

Relativement au premier grief, je déclarai, après y avoir été invité par le plaignant, car ne voulant pas froisser l'amour-propre d'un certain nombre de citoyens présents à la réunion, je ne voulais pas le dire : qu'il avait déclaré que la plus grande sottise que le Conseil eut faite, c'était d'avoir adopté la gratuité dans nos écoles communales, que *ces cochons de paysans* ne méritaient rien. Et non pas, que *les paysans étaient des cochons indignes d'instruction*.

Second grief : Je déclarai qu'après avoir refusé le classement du chemin de Ceinture, le Conseil avait voté 250 francs pour des réparations à faire audit chemin, que contrairement à cette décision le plaignant avait fait faire un plan différent par lequel les dépenses s'élèveraient à 800 francs, que le Conseil l'avait accepté. Mais que, selon moi, la construction de ce chemin n'était pas d'un intérêt général mais utile seulement à trois ou quatre propriétés. Je n'avais donc pas dit que ce chemin avait été fait pour un *usage personnel*. Quant à avoir dit qu'il avait faussé, altéré, dénaturé les délibérations du Conseil, j'affirme sur l'honneur que je n'ai rien dit de semblable, je n'ai parlé des délibérations du Conseil, que quand il me fut répondu qu'il n'y avait pas eu de rapport verbal concluant à la suppression de la gratuité dans nos écoles communales; je dis alors : Si ce rapport n'existe pas, c'est que la délibération n'a pas été exactement reproduite.

Pour ce qui est de la quatrième question, je déclarai qu'à l'occasion du vote des quatre centimes extraordinaires pour l'instruction, le Conseil avait été convoqué pour des heures différentes, tandis que les plus forts imposés avaient tous été convoqués pour la même heure, de sorte que si ces derniers en majorité antipathiques à la gratuité avaient eu connaissance de ce fait, ils se seraient rendus à la séance et les quatre centimes n'eussent pas été votés.

On m'a fait dire à tort tout le contraire de ce que j'ai dit.

A l'audience, le plaignant a rappelé les accusations ci-dessus et dit que c'était quand je formulais les reproches qu'il m'avait menacé de poursuites. Le second témoin envoya une déposition écrite à peu près identique à celle du plaignant. Quant aux autres témoins, ils se bornèrent à dire sur la quatrième question que j'avais dit : Que les délibérations du Conseil n'avaient pas toujours été régulièrement reproduites.

Je fus condamné sur les trois premières questions, non pas à trois mois d'emprisonnement et à la privation de mes droits civils, comme le voulaient mes détracteurs, mais simplement à une peine pécuniaire, je fus acquitté sur la quatrième question.

Que sont donc les hommes dont je parle ? Je ne les désigne pas par des noms que ma plume se refuse à écrire, je me borne à les faire connaître par les faits suivants :

Le premier de ces hommes est celui qui vers la fin de l'année 1870, dans une réunion publique, disait dans une superbe improvisation : « Citoyens, la patrie est en danger, la France a « besoin de tous ses enfants ; pour moi, je ne reculerai devant « aucun sacrifice pour la défendre, je donnerai mon sang et ma « fortune. » Ces paroles étaient patriotiques, mais des paroles aux actes il y a loin. J'eus beau chercher, nulle part je ne pus découvrir qu'il eut risqué une goutte de son sang, ni la plus petite parcelle de sa fortune. Il est vrai qu'il a promené quelquefois un képi de garde national, et qu'il a fait une expédition dans la direction... de Cannes.

Le second dans une réunion publique, à Cavalaire, prêchait la guerre à outrance, je ne sache pas qu'il ait prêché d'exemple. Souvent, il a passé devant les rangs de la garde nationale sédentaire, un cigare à la bouche et un képi galonné sur la tête.

Que dire des autres ? ils furent des instruments. N'en disons rien !

Sont-ils monarchistes ? non ! parce que sous une monarchie quelconque ils seraient condamnés à rester des nullités ignorées. Sont-ils républicains ? Voici en quoi consiste leur républicalisme : Suppression d'un monarque aux Tuileries et la monarchie dans toutes les communes de France, à la condition d'être les maîtres absolus dans la leur, leur devise est : Hypocrisie, absolutisme, arbitraire !

Et maintenant je dis a ces hommes avant de terminer. Cessez vos calomnies et vos sottes et sourdes persécutions qui ne peuvent m'attendre ; démasquer vous, attaquez moi frachement, directement et en face. Et là, dites la vérité ou mentez, je vous déclare que je n'aurais jamais recours aux tribunaux contre vous. Je me contenterai d'avoir pour moi, la vérité, la bonté de ma cause et la conscience des honnêtes gens. Si vous dites la vérité je ne la repousse pas, je l'appelle ! Si au contraire vous continuez de mentir, vos mensonges ne s'élèveraient jamais à la hauteur de mon mépris.

Votre coalition contre moi ne m'effrayera jamais, et tant qu'une goutte de sang coulera dans mes veines je resterai fidèle aux principes républicains, je ne cesserai jamais de répandre, de propager les idées démocratiques en m'appuyant sur l'instruction gratuite, laïque et obligatoire, seul moyen pour que nos enfants deviennent des citoyens dignes de ce nom, c'est-à-dire instruits et honnêtes, nos jeunes filles deviendront des épanses sérieuses, des mères de familles capables d'instruire elles-mêmes leurs enfants.

Je serai toujours fier d'avoir combattu le bon combat dans des moments difficiles et dangereux, et le serait toujours débout entre la république et ceux qui voudraient le détruire.

L'inimitié de certains hommes que le temps jugera et condamnera me rend fier et ne me fera jamais dévier du droit chemin. Je continuerai à mettre en pratique, dans la mesure de mes forces, notre belle devise républicaine : Liberté, égalité, fraternité.

Je pousserai toujours de toute mes force ce cri qui est dans mon cœur : Vive la France, vive la République.

MAURINE, Louis-Eustache, ex-Conseiller municipal.

Roquebrune, 20 septembre, 1879.

Marseille. — Imp. A. Thomas, et C⁰, rue de la Paix, 11.

www.ingramcontent.com/pod-product-compliance
Lightning Source LLC
LaVergne TN
LVHW021819060726
842528LV00004B/1434